JN439697

길들이 아득해 보일 때

Poem & Photo Art

길들이 아득해 보일 때

김효경 시집

시인동네

시인의 말

부서지기에 열등했다
쓰러지기에 불완전했다
젊었기에 관능적이었다

바람과 햇살과 어둠과 외로움을 품었기에
그녀의 삶은
늘 민감하게 열려 있었다

풍경 앞에서
그녀는 연약하지만
강한 인간이었다

차례

제2부

이별, 그 이후

제3부

길들이 아득해 보일 때

제4부

사람아, 사람아

제1부
풍경과 나누는 문장들

풍경과 나누는 문장들

풍경이 내 삶에 들어왔다
가지를 뻗고 뿌리를 내리고 나를 끌어안았다

소용돌이치던 고요가 곁으로 왔다
기울어진 수평선 위에 숨결 하나
가만히 내려놓아본다

섬

우기(雨氣)가 강물 위를 걸을 즈음
상처가 징검다리를 놓아주었다

길

한 고개 건널 때마다 비켜 앉은 산자락
뼈마저 얹어놓고 싶은 그 길

그곳엔

갈매기 날다 떠난 자리
그곳엔
홀로 바람이 산다

달빛

길들이 아득해 보일 때
슬픔 위로 날아가는 철새 떼
그 울음에 잠시 기대어 앉은
달빛 그림자

봄 햇살

내 뼛속까지 봉인된 손길
검푸른 숨결 위로 팔딱거리는
봄 햇살 한 줌

이별

맨발로 걷다
아득해지던 그대 떠난 자리
바람은 파도 어우르며
그렇게
또 한 계절을
건너갈 것입니다

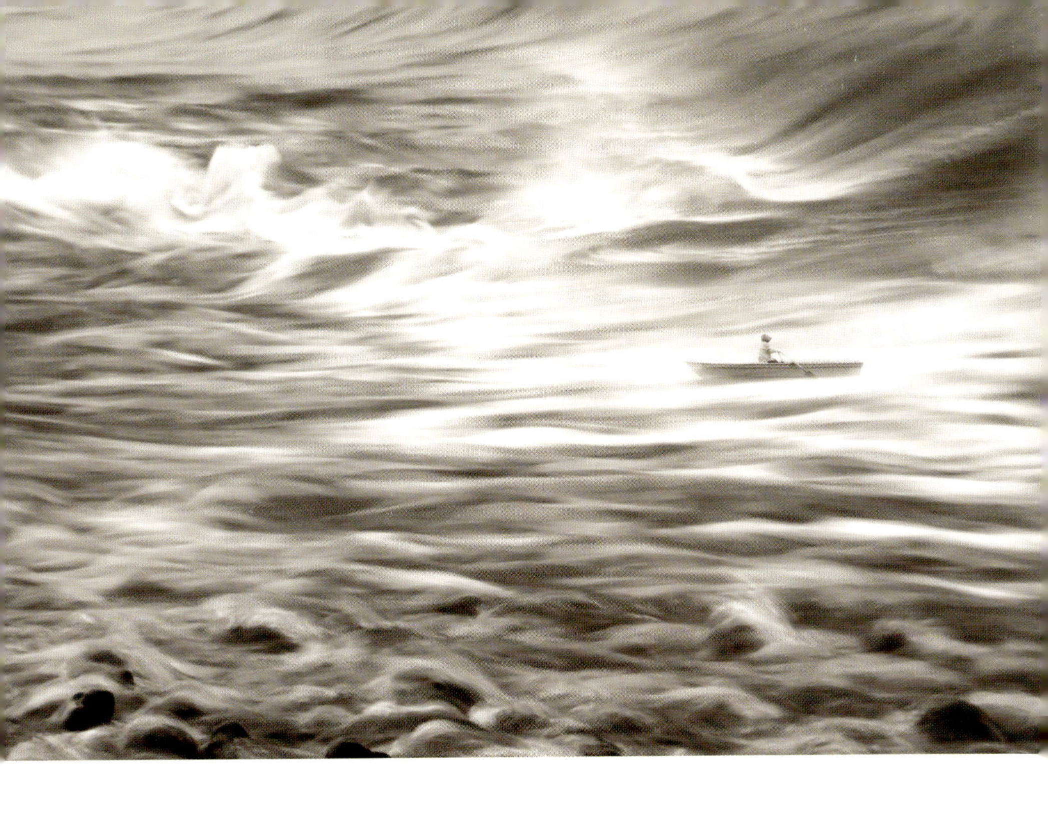

수장(水葬)

보드라운 물살들이 먼 바다에 나갔다 돌아오면
천둥 번개 쳤던 날들을 햇살에 말려놓고
그대! 바다여
나의 실종신고는 말아다오

신기류

어느새 바람이 가지를 흔들고
꽃비가 내리고
햇살 아래 신기류
바다 한가운데 내가 산다

나무 한 그루

저물녘
마음 한 켠 내려앉은 날
낡은 신발을 벗어놓고
게으른 순례자이고 싶다

다시 길 위에

상처투성이인 내 발길은
여기서부터 작별이다

제2부

이별, 그 이후

이별, 그 이후

충혈된 기억을 불러내는 노을 너머
애써 참은 눈물 글썽이며
허공을 메우고 있다

줄지어 선 나무들……

시원(始原)의 기억

내 안에서 홍역을 앓고 있는 그리움처럼
낯선 이국의 땅까지 와서 만난 그대
시간은 이별이 아니었구나

스며들다

퍽퍽한 그 남자의 정원에 스며들어
출렁출렁 적셔주고 싶다

지상에 있는 동안

너와의 거리
너무 멀리 와버렸다

집착

소유하려는 집착에서
벗어난 이후에야
온전히 너를 가질 수 있었다

게으른 여행자

때때로 모호하고 불분명하고 복잡한 저녁이
마음 한 켠에 내려앉긴 했지만
가끔은 게으른 여행자이고 싶었다

먼먼 기억

눈길 닿지 않는 지평선 멀리
먼 기억처럼
젖은 기차가 떠났다

길이 저물고 있었다

건널 수 없는 시간

건기와 우기에도 단단히 잠가두었던 문을
불혹의 나이에 연다
건널 수 없는 시간이 길 끝에 매달리고
우산이 길을 메운다

간이역

지평선 너머
날개를 접지 못한 간이역은
늘 바람 소리 지울 꿈을 꾼다

그 간이역엔 낡은 시집을 끼고 다니던
사내가 산다

주문

주문을 걸어봅니다
공기 속에
잎맥 속에
꽃술 속에
당신의 눈동자 속에
머물고 싶다고

제3부
길들이 아득해 보일 때

리너스 하이

이정표 하나 보이지 않는 날
맘껏 등대 위를 날아봅니다

저 갈매기의 울음이 멈추기까지는
시간이 길었습니다

---

*리너스 하이: 달리면 달릴수록 더 달리도록 독려하는 물질이 몸에서 나오는 현상

길들이 아득해 보일 때

한 고개 돌 때마다
외로이 비켜 앉는 산자락
어느 훗날에
이 뼈마저 얹어놓고 싶은 곳

하늘을 날다

당신 앞에선
허공도 꽃밭이 됩니다

푸른 저녁

한 생을 마감한 푸른 저녁을 바라봅니다
일찍이도 자리 잡은 초저녁 달이
울컥거리던 마음을
가만가만 어루만져줍니다

슬픔의 파도

파도 위로 찰랑거렸던 날들이 들썩이고
발 밑에 선 땅들이 아득해집니다

이 슬픔도 잠깐,
고요해질 것을 압니다

귀가

오늘도 고갯길 다 넘지 못하고
비껴가는 석양을 바라보는 나더러
햇살 가르던 조약돌들이
저문 강줄기에 잠기라 한다

노을

상처투성이의 저녁을 잠시 내려놓고
발소리 죽여가며 천천히 따라오라
노을이 길을 먼저 나섭니다

Solitude

온몸이 물소리를 받아내던 그때,
절벽 아래 놓아두었던 달빛 한 조각
어느 별에서 살다 왔나
늙지도 않았구나

아침과 밤 사이

들국화 한 송이
새벽부터 꽃잎을 차례대로
열었다 닫았다

한 생이 건너갔다

흰눈

눈이 내렸다

여기 없는 당신하고
발자국을 남기며 걷는다
곧 눈이 발자국을 지우리라

스며든 듯 스며들지 않은
지워진 듯 지워지지 않는
당신의 발자국

새, 날다

꺾인 갈대 사이로
바람이 들어왔다

날기 위해
뼛속을 비워내고 있는
늙은 새 한 마리

산다는 것은
망연히 떠가는 구름을 만나는 일이다

제4부

사람아, 사람아

어머니

뒤돌아보면

눈물겨운 당신
허리 굽은 채로 서 있습니다

선물

하루의 끝자락
당신이 선물입니다

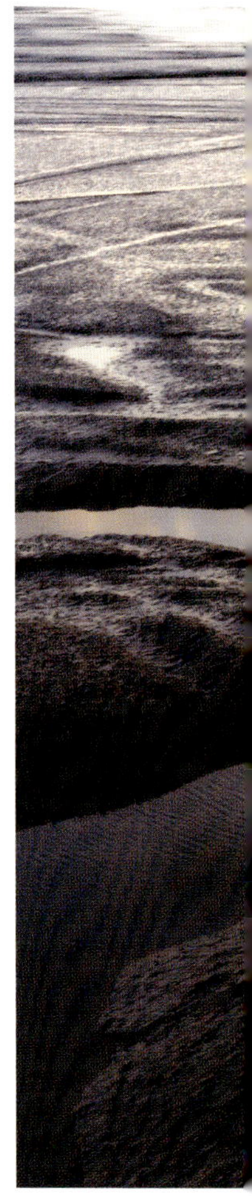

늪의 노래

오랜 세월 늪이 마르고 마르면
푸르고 푸른 숲이 된다지

바람 불고
비가 내리고
낙엽 뒹굴고
눈이 쌓이고

어제와 똑같지 않은 날이
밝아 오고 밝아 오는데
나는 왜 이곳에 홀로 서 있어야 하는가

감사의 기도

오늘은 비,
오늘은 구름,
오늘은 바람,
오늘은 흔들림,
오늘은 눅눅함,
오늘은 무거움,
오늘은 울음,

감사해야 할 오늘이 있어
해를 따라 나선 이슬

사람아, 사람아

그대는 밤마다
내 잠 깨우는 목마름이었네
새살 돋게 하는 아픔이었네

이별

기다림을 만지며 놀던
봄빛 한 자락

긴 강 건너와
노오란 꽃무덤으로 자리 잡았네

그 여자

이승의 매듭이란 매듭 다 풀어버리려
그 여자,
몸속에 눈물을 품고 산다

가을 숲

북방고개
여흐여흐 꽃이진다
애달픈 곡소리 따라 산길 오르는데
진다 진다 꽃이 진다
눈물마저 말라버린 가을 숲이
길 끝에서 출렁거린다

A wedding

내 어린 딸
하얀 면사포 쓰고
죽도록 아름다운 신랑 따라
시집가는 날

미안해서 자꾸 미안해서
어여 가라 어여 가라
발길 재촉해놓고

뒤돌아보고 또 뒤돌아보며
마음의 끈 놓지 못하는,

뭉클뭉클
목련꽃 핀다

헤매지 않길

햇살 묻어 더 투명해진 낙엽이
진통제 한 알 건네며
겨울로 가는 긴 열차를 타려 합니다

봄 여행

우리 함께 떠나는 거야
진달래꽃이
조막손을 내밀었다

이 도서의 국립중앙도서관 출판시도서목록(CIP)은 서지정보유통지원시스템 홈페이지(http://seoji.nl.go.kr)와 국가자료공동목록시스템(http://www.nl.go.kr/kolisnet)에서 이용하실 수 있습니다.(CIP제어번호: CIP2016031624)

길들이 아득해 보일 때

초판 1쇄 인쇄 2016년 12월 22일
초판 1쇄 발행 2016년 12월 26일
지은이 김효경
펴낸이 고영
책임편집 류미야
디자인 헤이존
펴낸곳 문학의전당
출판등록 제311-2012-000043호
주소 서울시 은평구 연서로11길 7-5 401호
전화 02-852-1977 팩스 02-852-1978
전자우편 sbpoem@naver.com

ISBN 979-11-5896-298-2 03810

* 이 책은 안산시 문화예술진흥기금을 지원받아 제작되었습니다.